AF336372

CROIX-ROUGE FRANÇAISE

Union des Femmes de France

Brancardiers de Frontière

RÈGLEMENT

PARIS
Henri CHARLES-LAVAUZELLE
Editeur militaire
10, Rue Danton, Boulevard Saint-Germain, 118
MÊME MAISON A LIMOGES

1913

En 1889, sur l'initiative de son secrétaire général, M. le docteur Bou-loumié, l'*Union des Femmes de France* a institué des *brancardiers de frontière* et a établi pour eux un *règlement* et un *manuel*.

Un règlement nouveau, rédigé et présenté par M. Louis Lespine, délé-gué régional de l'*Union des Femmes de France* pour le 20ᵉ corps d'armée, a été discuté et adopté par le Comité consultatif de la Société dans une séance présidée par M. le Médecin Inspecteur Viry. C'est ce règlement, approuvé par le Conseil central d'administration, qui est publié ci-après. Tout en s'inspirant du règlement de 1889, dont il maintient les principes essentiels, il s'harmonise avec les conditions nouvelles dans lesquelles peuvent s'organiser les groupements de brancardiers et en particulier avec les décrets, règlements ou décisions de l'autorité militaire régissant actuellement la Croix-Rouge française, et dans les limites desquelles doivent fonctionner tous ses services.

Paris, le 26 juillet 1913.

Le Secrétaire général,   *La Présidente,*

Dʳ P. BOULOUMIÉ.   S. PÉROUSE.

RÈGLEMENT

des

Brancardiers de Frontière

ARTICLE PREMIER

BUT

Les brancardiers de frontière sont organisés pour aider, en temps de guerre, le Service de santé de l'Armée, spécialement dans le transport des blessés ou dans le service des hôpitaux auxiliaires du territoire gérés par l'*Union des Femmes de France* dans les départements frontières.

ART. 2

RECRUTEMENT

Les brancardiers de frontière sont recrutés parmi les hommes valides, de bonne vie et mœurs, qui ne sont liés par aucune obligation militaire.

Ils sont membres auxiliaires de l'*Union des Femmes de France* et rattachés pour le temps de guerre au Service de santé de l'Armée, dans les conditions déterminées par l'Autorité militaire.

Leur admission est prononcée, ainsi que leur radiation, dans les conditions indiquées ci-dessous.

Ils doivent signer un engagement et se soumettre aux prescriptions du présent règlement.

Ils peuvent donner leur démission par voie de simple déclaration écrite.

ART. 3

ORGANISATION

Les brancardiers sont divisés en *groupes*.

Le groupe est la réunion des brancardiers existant dans une même localité.

Le groupe est lui-même composé d'*équipes* comprenant six hommes chacune.

Le groupe peut être divisé en *sections* composées d'un nombre variable d'*équipes*.

Suivant qu'une section est affectée au service d'un hôpital auxiliaire du territoire ou qu'elle est destinée à aider au transport des blessés, elle est dite *sédentaire* ou *mobile*.

Chaque groupe tient, en double exemplaire, un registre où les hommes sont inscrits sous un numéro qui leur est attribué à leur admission comme brancardier et dans l'ordre des entrées. A la suite du numéro sont inscrits le nom, les prénoms, la date et le lieu de naissance, le domicile et le grade dans le groupe.

Le registre comprend, en outre, une 2ᵉ partie où les noms des hommes sont répétés avec leur numéro d'ordre et leur grade, mais groupés par section (s'il y a lieu) et, dans chaque section, par équipe.

Un exemplaire de ce registre reste dans les archives du groupe, l'autre dans celles du directeur, dont il est parlé à l'article 4 ci-après.

L'exemplaire du groupe sera visé trimestriellement par le chef de groupe et annuellement par le directeur et le délégué régional.

Art. 4

DIRECTION

L'ensemble des groupes d'une région de corps d'armée a à sa tête un *directeur* nommé par le Conseil central d'administration, sur la proposition du délégué régional.

En outre, un *inspecteur des brancardiers de frontière* pourra être désigné par le Conseil central d'administration, parmi les directeurs de plusieurs régions de corps d'armée situées le long d'une même frontière.

Cet inspecteur a pour mission d'assurer, entre les groupes de ces diverses régions, la liaison et la cohésion nécessaires à la bonne marche éventuelle du service, ainsi que l'unité d'instruction.

Il est nommé sur la proposition des délégués régionaux des régions intéressées.

Avis de la nomination du directeur et de l'inspecteur est notifié par le Conseil central d'administration aux délégués régionaux intéressés.

Chaque *groupe* a à sa tête un *chef*; il en est de même des *sections* et des *équipes*.

Les chefs de groupe, de section et d'équipe sont nommés par le directeur, sur la proposition de la présidente du comité qui a pris en charge la constitution et l'entretien du groupe. Si la constitution ou l'entretien du groupe n'ont été pris en charge par aucun comité, le directeur nomme les chefs de groupe de sa propre initiative et les chefs de section et d'équipe sur la proposition des chefs de groupe.

Les admissions sont prononcées par le directeur sur la proposition des présidentes ou chefs de groupe, ou spontanément. Il en est de même des radiations, qui doivent avoir pour motifs des faits graves, tels que fautes contre l'honneur ou la dignité personnelle, indiscipline, absences répétées aux instructions et exercices ou affiliation à une autre société d'assistance aux malades et blessés des armées.

Lorsqu'un brancardier est jugé passible de la radiation, sa démission peut être refusée.

Le directeur veille à l'instruction des hommes, à leur équipement, à la constitution du matériel. Il règle les détails de cette instruction, de ce matériel et de cet équipement en se conformant à ce qui est dit ci-dessous.

Les chefs d'équipe dirigent leurs hommes dans la manœuvre et les exercices.

Les chefs de groupe et de section assurent la bonne tenue et la discipline des hommes; ils veillent à l'exécution des instructions du directeur.

Ils ont, sous l'autorité du directeur, le droit de commandement et de réprimande durant les manœuvres et instructions.

ART. 5

INSTRUCTION

Les brancardiers apprennent en temps de paix à aménager, sans détérioration, le matériel de service ordinaire dans la culture et l'industrie en le transformant en matériel de secours; à se servir de ce matériel, ainsi que, si les ressources locales le permettent, de celui en usage dans l'armée pour le transport des malades et blessés. Ils doivent savoir transporter ceux-ci à bras, par brancards et par charrettes et voitures et leur donner quelques soins d'urgence.

Les brancardiers de frontière ne sont tenus, en temps de paix, qu'à des réunions d'instruction, d'exercices et de manœuvres qui sont, autant que possible, dirigées par des médecins militaires ou civils, des officiers d'administration du Service de santé ou des sous-officiers infirmiers en activité ou de complément, et à la vérification, le cas échéant, de leur instruction par l'Autorité militaire.

Ces réunions ont lieu le dimanche et leur nombre obligatoire ne peut être supérieur à dix par an.

ART. 6

FONCTIONNEMENT EN TEMPS DE GUERRE

Dès la mobilisation et sans ordre spécial, les brancardiers se réunissent au lieu qui leur a été indiqué dès le temps de paix et y attendent les ordres qui leur seront donnés par le directeur ou par l'Autorité militaire.

Les hommes faisant partie des sections sédentaires ne peuvent être obligés à quitter le lieu de leur résidence.

Les hommes faisant partie des sections mobiles ne peuvent être appelés à un déplacement de plus de quarante-huit heures consécutives sans consentement formel de leur part.

En ce dernier cas, les brancardiers qui ont consenti à se transporter où il sera nécessaire, sans limitation de temps ni de distance, forment une section spéciale.

Art. 7

INSIGNES ET UNIFORMES

En temps de guerre, les brancardiers sont munis, dans les conditions déterminées par l'Autorité militaire, du brassard de neutralité et de la carte d'identité. Ces objets ne leur sont remis qu'à la mobilisation. Ils sont conservés jusque-là au lieu et sous la garde de telle personne qu'a désignés le directeur.

Dès le temps de paix, les brancardiers sont munis, autant que les ressources financières le permettent; d'un uniforme comportant vareuse, pantalon et casquette ou tout au moins d'un insigne qui est un brassard spécial. Les hommes munis de la vareuse ne portent pas le brassard spécial. Les gradés portent à la casquette, à la vareuse et sur le brassard spécial des insignes distinctifs.

Les uniformes et les insignes sont la propriété de l'*Union*. Ils doivent être restitués par le brancardier ou sa famille en cas de décès, démission ou radiation. Le port en est formellement interdit en dehors des réunions et exercices, sauf autorisation du directeur.

Art. 8

MATÉRIEL

Le matériel doit comporter, en principe :

1° Par équipe : un brancard qui sera, autant que possible, du modèle 1892, à compas, employé par l'Armée et dont, en tout cas, un exemplaire devra exister dans chaque groupe;

2° Par homme : un bidon et une musette à pansements;

3° Des voitures spéciales pour le transport des blessés ou propres à être aménagées à cet effet par des moyens de fortune et notamment par le système dit du docteur Bouloumié.

Art. 9

RESSOURCES FINANCIÈRES

Les ressources financières proviennent :

1° De subventions du Conseil central d'administration, qui les octroie sur la proposition du directeur;

2° Des sommes allouées par le comité local ou extérieur à la localité qui a pris en charge la formation et l'entretien du groupe;

3° Des cotisations recueillies sur place et payées par des personnes ayant donné leur adhésion à l'*Union* et rattachées à un comité extérieur;

4° Des dons faits pour l'entretien ou la constitution du groupe.

Le tout sous réserve, le cas échéant, du prélèvement de 10 p. 100 prévu par les statuts de l'*Union*.

ART. 10

Des annexes au présent règlement détermineront les détails de l'instruction, du matériel et de l'uniforme.

FORMULE D'ENGAGEMENT

Le soussigné (1)

né à (2)   , le (3)   ,

classe (4)   , subdivision de région (4)   ,

N° du registre matricule (4)   , déclare accepter le règlement ci-dessus et s'engager comme brancardier de l'*Union des Femmes de France* aux conditions dudit règlement.

Le soussigné ne pourra être tenu (5) :

A) De quitter le lieu de sa résidence;

B) De s'absenter du lieu de sa résidence pour plus de quarante-huit heures consécutives;

C) Le soussigné accepte de quitter le lieu de sa résidence sans limitation de temps ni de distance.

Fait à   , le   .

et approuvé la rature de   mots nuls.

(Signature.)

---

(1) Nom et prénoms.

(2) Lieu de naissance.

(3) Date de naissance.

(4) Ces indications se trouvent sur le livret militaire; elles ne doivent pas être données pour les individus réformés.

(5) Rayer, suivant le cas, deux des trois formules A, B et C pour ne laisser subsister que celle appropriée aux intentions de l'homme.

Paris et Limoges. — Imprimerie et librairie militaires Henri Charles-Lavauzelle.

Imprimerie Militaire
HENRI CHARLES-LAVAUZELLE
10, Rue Danton — PARIS

CROIX ROUGE FRANÇAISE

UNION DES FEMMES DE FRANCE

Brancardiers de Frontière

ANNEXE PROVISOIRE N° 1

au Règlement du 26 Juillet 1913 (art. 5 et 10)

PROGRAMME DE L'ENSEIGNEMENT

Observation générale

En admettant les brancardiers de frontière au nombre des auxiliaires réguliers du Service de Santé, le Ministre de la Guerre a décidé qu'ils devraient justifier de connaissances suffisantes et, en exécution de cette décision, le directeur du Service de Santé du 20e Corps d'armée a prescrit qu'ils exécuteraient une manœuvre et auraient à répondre à une ou deux questions très simples devant lui ou son délégué.

Il convient donc de mettre les brancardiers de la 20e région à même de subir avec succès cette épreuve. Et comme elle est instituée en exécution d'une décision du Ministre de la Guerre, comme elle sera, en conséquence, établie dans les autres régions, il y a lieu d'y préparer, dès maintenant, tous nos brancardiers de frontière sans exception.

Tel est l'objet du présent programme. Il s'inspire, avant tout, de cette idée que les brancardiers de frontière sont essentiellement des agents de transport et non des infirmiers. Ceux même qui sont affectés à des hôpitaux n'auront à y accomplir que des besognes de force et très simples, les infirmières étant là pour donner les soins.

Néanmoins, si certains accidents se produisent au cours du transport, les brancardiers doivent pouvoir y remédier dans une certaine mesure; mais la partie de l'enseignement concernant ces circonstances doit être très simple, très rudimentaire.

Le programme comporte deux parties : l'une est obligatoire et contient les notions élémentaires indispensables; l'autre prévoit des notions plus complètes, mais qui doivent être réservées aux chefs ou aux sujets particulièrement intelligents. Elle ne pourra être enseignée qu'aux hommes qui sauront parfaitement la première. L'essentiel est, en effet, de ne pas amener, dans l'esprit des élèves brancardiers, une confusion causée par la quantité ou la trop grande difficulté des notions enseignées, et qui les aménerait à ne plus rien comprendre ni retenir.

La partie la plus délicate de la tâche de l'instructeur est précisément de restreindre à ce qui peut être su et conservé les notions qu'il inculque à ses élèves. Il trouvera dans les ouvrages cités, et dans les notes accompagnant le programme, la limitation que la nécessité de subir l'examen et l'expérience m'ont fait estimer convenable.

Je n'entends nullement leur donner une leçon, mais seulement leur dire : voici ce qu'on exigera de vos élèves, voici ce que je les crois susceptibles, en moyenne, de saisir et de retenir.

Fait à Nancy, le 4 février 1914, par application des articles 4 (alinéas 4 et 10), 5 et 10 du Règlement du 26 juillet 1913.

L'Inspecteur général des Brancardiers de frontière,

Louis LESPINE,

Délégué régional pour le 20ᵉ Corps d'armée.

Enseignement obligatoire

PARTIE PRÉLIMINAIRE (1)

§ 1 Comment secourir les blessés et malades en cas de guerre :

A) La neutralisation ; la convention de Genève, son emblème ;
B) Le Service de Santé (2).

§ 2 Les Sociétés d'assistance (3) ; Société de Secours aux blessés ; *Union des Femmes de France* ; Association des Dames françaises.

A) Ce qu'elles sont : auxiliaires du Service de Santé, rattachées à lui (décrets du 19 octobre 1892 et du 2 mai 1913, remplaçant le précédent), sous son autorité et celle du commandement (décrets du 2 mai 1913 sur le fonctionnement des Sociétés d'assistance et du 26 avril 1910, sur le service de santé en campagne ; instruction ministérielle du 21 mai 1913 sur l'utilisation des ressources du territoire national pour l'hospitalisation des malades et blessés de l'armée), donc personnel militarisé.

B) Leur rôle (4) ;
C) Leur égalité (5).

---

(1) Cette partie préliminaire devra être très sommaire. Les articles des décrets et règlements cités ou les notes ci-dessous constituent à peu près les seuls développements à y apporter.

(2) Indiquer seulement qu'il est essentiellement composé de médecins, pharmaciens, officiers d'administration, infirmiers et brancardiers militaires munis du matériel voulu, dans les locaux voulus.

(3) Il peut être inutile, dans un but de simplification, de les désigner nominativement là où *l'Union* est seule.

(4) Ce rôle consiste essentiellement à créer, sur toute l'étendue du territoire national, des hôpitaux auxiliaires, destinés à recevoir les malades et blessés de l'armée.
Elles sont, en outre, autorisées à faire parvenir aux malades et blessés, par l'intermédiaire du Service de Santé militaire, les dons qu'elles ont recueillis.
Les infirmières diplômées des Sociétés peuvent être employées dans les ambulances immobilisées et dans les autres formations de l'arrière.
Le *concours des Sociétés est limité au service de santé de l'arrière et au territoire national*. (distinguer, d'un mot, la zone de l'avant et la zone de l'arrière des armées).

(5) Inutile là où *l'Union* est seule ; s'il existe une autre Société d'assistance, indiquer que toutes trois ont, notamment, un droit égal au titre de « Croix Rouge » ajouté à leur nom, parce que l'État français leur a confié la mission qui, dans tous les pays, est celle de la Croix Rouge.

§ 3 Une de ces Sociétés : *l'Union des Femmes de France :*

A) Raisons de ce nom (1);

B) Son organisation :

    A Paris, Conseil supérieur avec, à la tête, une présidente;

    Dans les départements, comités locaux;

    Dans chaque région de corps d'armée ou gouvernement militaire, un délégué régional (2).

§ 4 *Les brancardiers de frontière :*

A) Leur rôle (Règlement de l'Union du 26 juillet 1913, art. 1er) [3];

B) Leur recrutement; libération du service (Règlement précité, art. 2);

C) La direction (art. 4) [4].

PREMIÈRE PARTIE

Relèvement des blessés

§ 1 Manière d'aborder le blessé : se reporter à l'*Ecole de l'Infirmier et du Brancardier militaires* (5), troisième partie, théorie des manœuvres (art. 5).

§ 2 Soins à prendre en relevant le blessé (*Ecole*, art. 6).

§ 3 Manœuvre de relèvement par deux hommes (*Ecole*, art. 7).

§ 4 Par trois hommes (*Ecole*, art. 8).

§ 5 Par quatre hommes (*Ecole*, art. 9).

---

(1) Les soins aux malades et blessés sont essentiellement œuvre féminine, également la préparation et l'entretien du matériel, linge, etc... Mais les femmes ont besoin de collaborateurs masculins, soit pour les aider de leurs conseils (comités consultatifs), soit pour les travaux de force; les brancardiers sont des collaborateurs indispensables à ce dernier point de vue.

(2) Indiquer que le délégué, désigné par le Conseil supérieur de la Société et le Ministre de la Guerre, est le représentant du Conseil supérieur près des Comités locaux et de la Société près de l'autorité militaire. La raison principale de ces indications est de montrer (ce qui est essentiel) les liens étroits qui rattachent la Société à l'Armée.

(3) Les brancardiers ont, soit à transporter les blessés de la gare la plus proche à l'hôpital, et à faire dans cet hôpital les travaux de force (voir ci-dessous, deuxième partie, paragraphe 2, F), soit à aider aux évacuations vers l'intérieur. Ils n'ont pas à pénétrer dans la zone de l'avant des armées (voir note 4 de la page précédente).

(4) Faire observer, si cela apparaît opportun, que cette organisation place les brancardiers sous la direction immédiate d'hommes, bien que la Société soit dirigée par des femmes.

(5) Publication du ministère de la Guerre. — Paris, Vve Rozier, éditeur, 75, rue de Vaugirard.

DEUXIÈME PARTIE

Transport des blessés

§ 1 A bras; par deux hommes (*Ecole*, art. 31) [1].

§ 2 Par brancards :

A) Manœuvre de l'équipe, de la section ou du groupe (*Ecole*, art. 13) [2];

B) Montage et démontage du brancard modèle 1892, à compas, système Franck; sa description (*Ecole*, art. 14);

C) Indications sommaires sur la confection de brancards improvisés (3) [*Ecole*, art. 28];

D) Installation du blessé sur le brancard;

E) Transport du brancard :
a) Transport normal :
   Par deux hommes (*Ecole*, art. 18 (1°) et 19);
   Par quatre hommes (*Ecole*, art. 20);
   En marche (*Ecole*, art. 21);
b) Obstacles ou difficultés diverses :
   Escalier (*Ecole*, art. 22);
   Haie ou petit mur (*Ecole*, art. 23);
   Fossé (*Ecole*, art. 24);

F) Déchargement du brancard :
   Lit, table d'opérations, etc... (*Ecole*, art. 25).

---

(1) Ne pas faire faire la manœuvre de transport du blessé par un seul homme. Elle pourrait, chez des sujets insuffisamment robustes, occasionner des accidents.

(2) Les brancardiers de l'Union ne pouvant avoir une organisation identique à celle de l'Armée; il y a lieu d'agir conformément aux indications suivantes :
Aux termes du règlement de l'Union, du 26 juillet 1913, l'équipe comprend non pas quatre hommes, mais six. La raison de cette disposition est qu'il faut prévoir, s'agissant de volontaires, un déchet qui ramènera fréquemment le nombre d'hommes de chaque équipe à quatre. De plus, l'équipe au complet (six hommes) est prévue pour la manœuvre de la voiture (voir ci-dessous, § 3, B).
Pour la manœuvre du brancard, l'équipe sera formée de quatre hommes seulement et opérera comme il est dit à l'*Ecole de l'Infirmier militaire* ; les hommes en excédent dans chaque équipe se joindront aux hommes en excédent dans d'autres équipes et formeront ainsi des équipes distinctes. La manœuvre prévue à l'art. 13, § 2, de l'*Ecole*, sera exécutée par tous les brancardiers présents formant le groupe ou la section (art. 3 du Règlement précité, alinéas 3, 4 et 5).

(3) Leur confection trouve sa place dans la partie facultative.

§ 3 Transport des blessés à longues distances :

A) Voitures improvisées, description du système Bouloumié (*Ecole*, art. 45; *Manuel du Brancardier de frontière*, par le docteur Bouloumié (1), p. 10 à 20);

B) Chargement et déchargement de la voiture aménagée par ce système (Manuel du docteur Bouloumié, p. 29 à 36) [2].

TROISIÈME PARTIE

Accidents pouvant survenir en cours de route (moyens d'y remédier)

§ 1 Soif du blessé (*Ecole*, art. 1er, § III).

§ 2 Syncope, petits et grands moyens de la faire cesser (*Ecole*, art. 1er, § II).

§ 3 Fractures des os des membres; leur reconnaissance (3); leur immobilisation (*Ecole*, art. 2).

§ 4 Hémorragies; leur arrêt :

A) Compression directe; paquet de pansement individuel (*Ecole*, art. 3);

B) Compression indirecte; hémorragies artérielles ou veineuses (4); signes les différenciant; endroit où appliquer l'appareil dans l'un ou l'autre cas; description, confection et pose du garrot et du tourniquet (*Ecole*, art. 4).

§ 5 Fractures compliquées d'hémorragies (5).

---

(1) Paris, au siège de l'Union des Femmes de France, 16, rue de Thann.

(2) Les équipes prévues par le règlement des brancardiers de frontière, du 26 juillet 1913, fonctionneront avec leur plein effectif de six hommes ou par fusion de tout ou partie de plusieurs équipes pour parvenir à ce nombre. En ce cas, le chef le plus ancien prendra le commandement.

Le brancardier n° 7, prévu par le Manuel du docteur Bouloumié, peut être sans inconvénient supprimé, un homme d'une autre équipe ou un auxiliaire quelconque tiendra le cheval si besoin est.

(3) Bien recommander aux hommes de s'abstenir de tous moyens autres que la constatation de la douleur, de l'impotence et la déformation.

(4) Tâcher de faire comprendre, en quelques mots très simples et vulgarisés, le système de la circulation du sang, pour expliquer la compression indirecte à tel ou tel endroit, suivant qu'il s'agit d'hémorragies artérielles ou veineuses.

Indiquer la situation très approximative des grandes artères des membres.

(5) Toute cette partie doit être très simplement, très rudimentairement traitée; si, par des interrogations, le professeur s'aperçoit qu'il n'est pas compris, il la réduira au minimum retenu dans l'*Ecole de l'Infirmier*.

Enseignement facultatif ou complémentaire [1]

DEUXIÈME PARTIE

Transport des blessés

§ 2 Par brancards :

B) Brancard modèle 1885 à traverses (*Ecole*, art. 15 et 16);

C) Confection de brancards improvisés (Manuel Bouloumié, p. 6 à 10).

§ 3 Transport des blessés à longue distance :

C) Indications très sommaires sur les voitures de l'armée (*Ecole*, art. 36 à 44) [2];

D) Indications sommaires sur les convois (Manuel Bouloumié, p. 33) [3];

E) Indications sommaires sur les trains sanitaires réguliers ou improvisés (Appareils Bréchot, Desprez, Ameline (*Ecole*, art. 49 à 67) [4].

F) Transports par bateaux (*Ecole*, art. 68 et 69) [5].

---

(1) Les diverses parties de l'enseignement obligatoire et de l'enseignement complémentaire portent les mêmes numéros. Il n'est fait mention ci-dessous que de celles qui comportent des développements facultatifs à ajouter aux notions obligatoires.

(2) On montrera les voitures aux hommes, si possible; des visites dans les casernes, hôpitaux militaires, s'il en existe dans la localité, pourront être utilement faites, au moins par les gradés, si l'autorité militaire y consent. Au cas contraire, on montrera aux hommes les figures reproduites à l'*Ecole de l'Infirmier militaire*.

(3) Noter qu'aucun fanion à croix rouge ne comporte plus les bandes bleues prévues par le manuel.

(4) Indiquer que les appareils cités au texte peuvent servir également pour les camions et bateaux. Voir, en outre, la note 2 ci-dessus.

(5) L'assistance des chefs ou gradés aux manœuvres du Service de Santé sera des plus utile. Se conformer, en tous cas, aux indications retenues aux notes 2 et 4 ci-dessus.